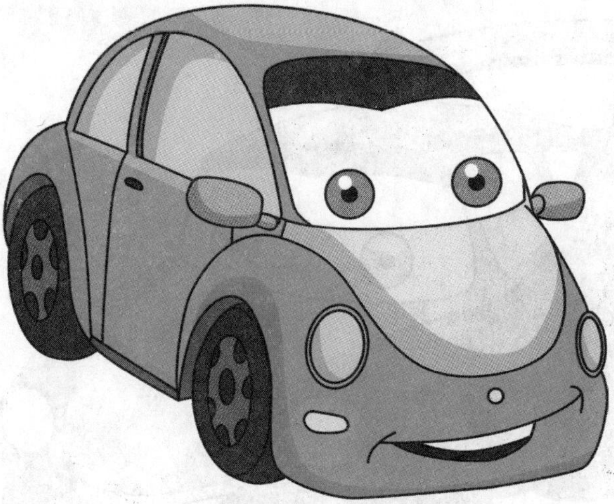

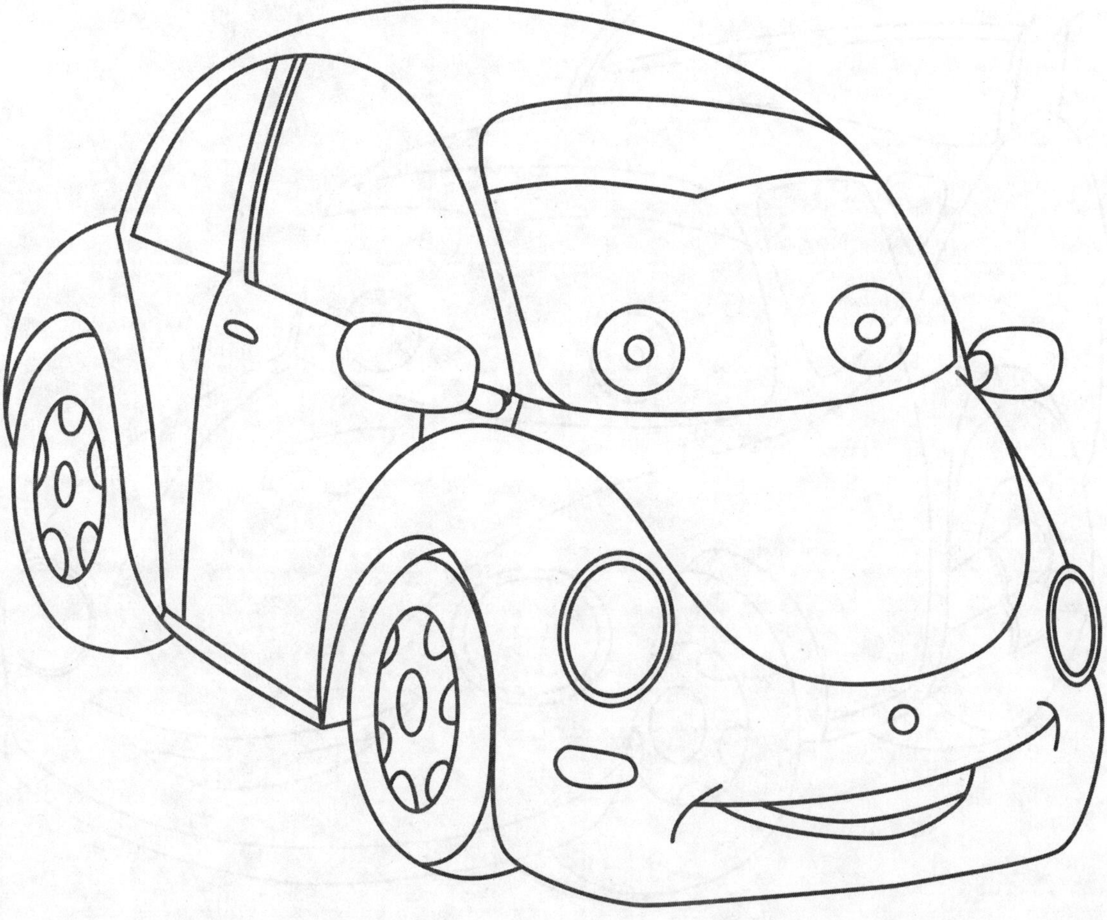

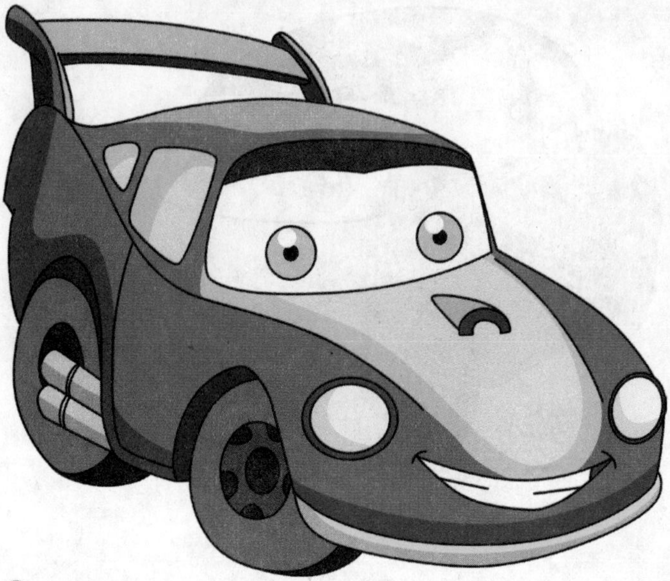

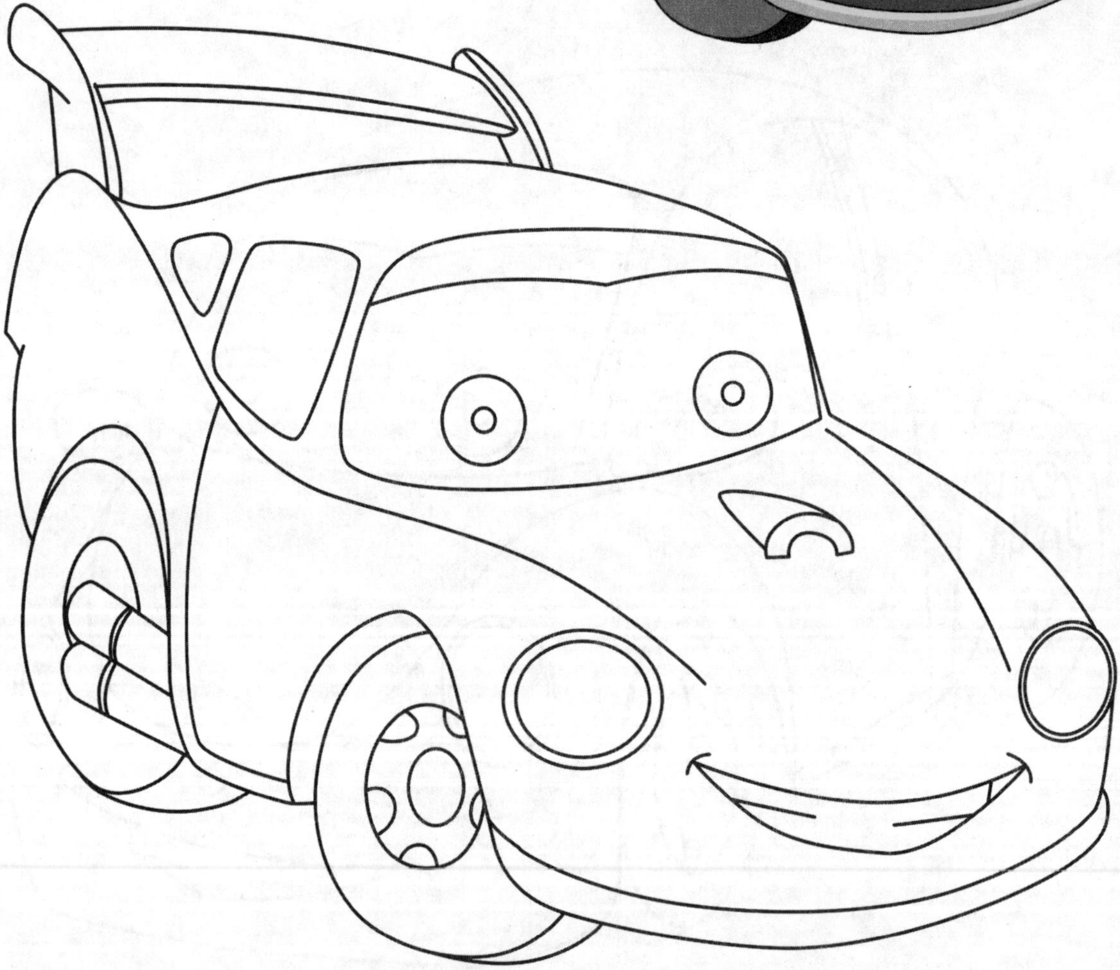

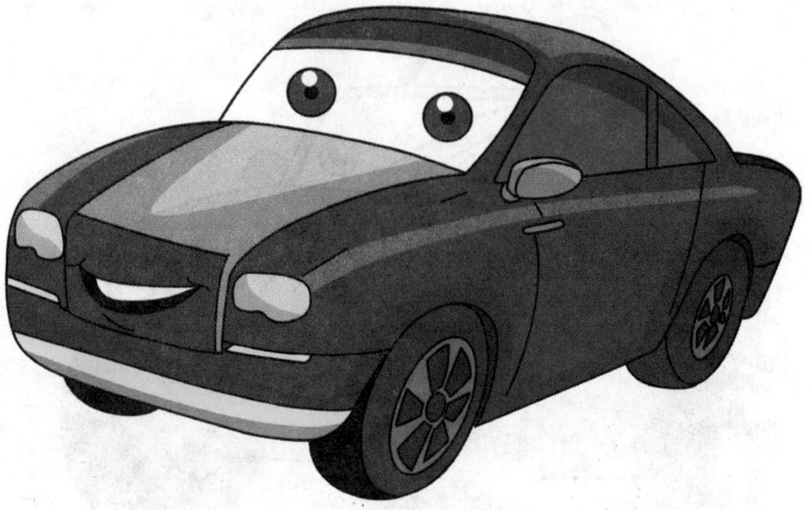

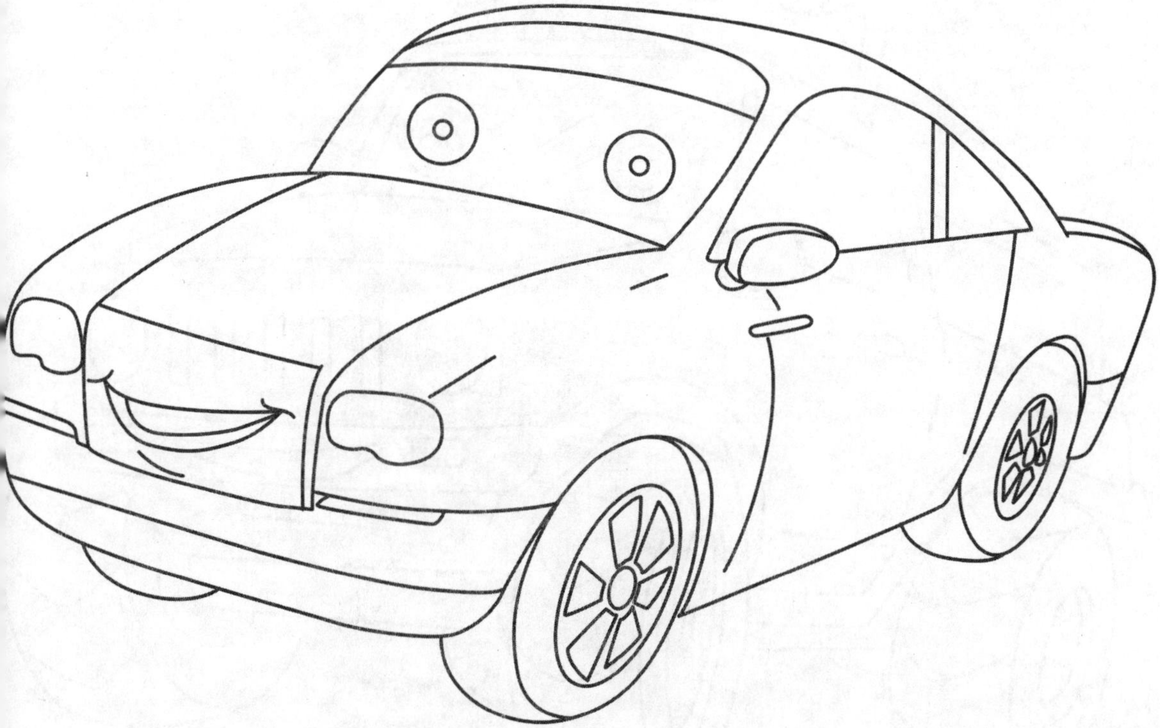

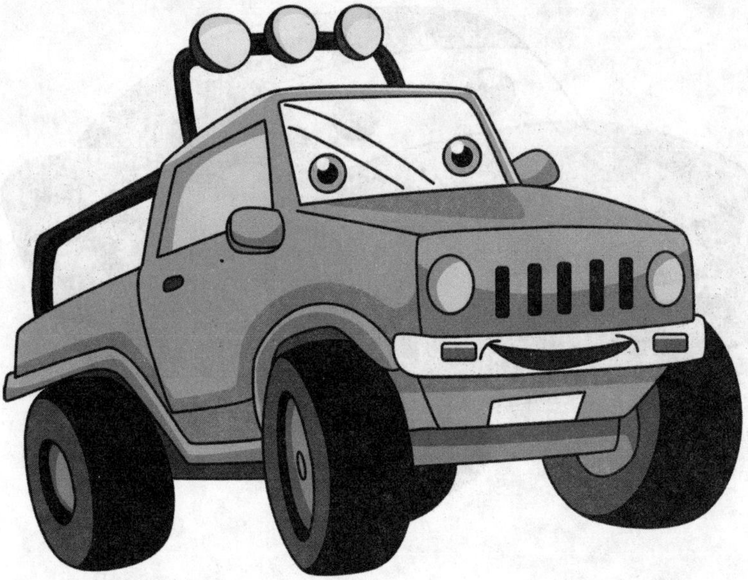

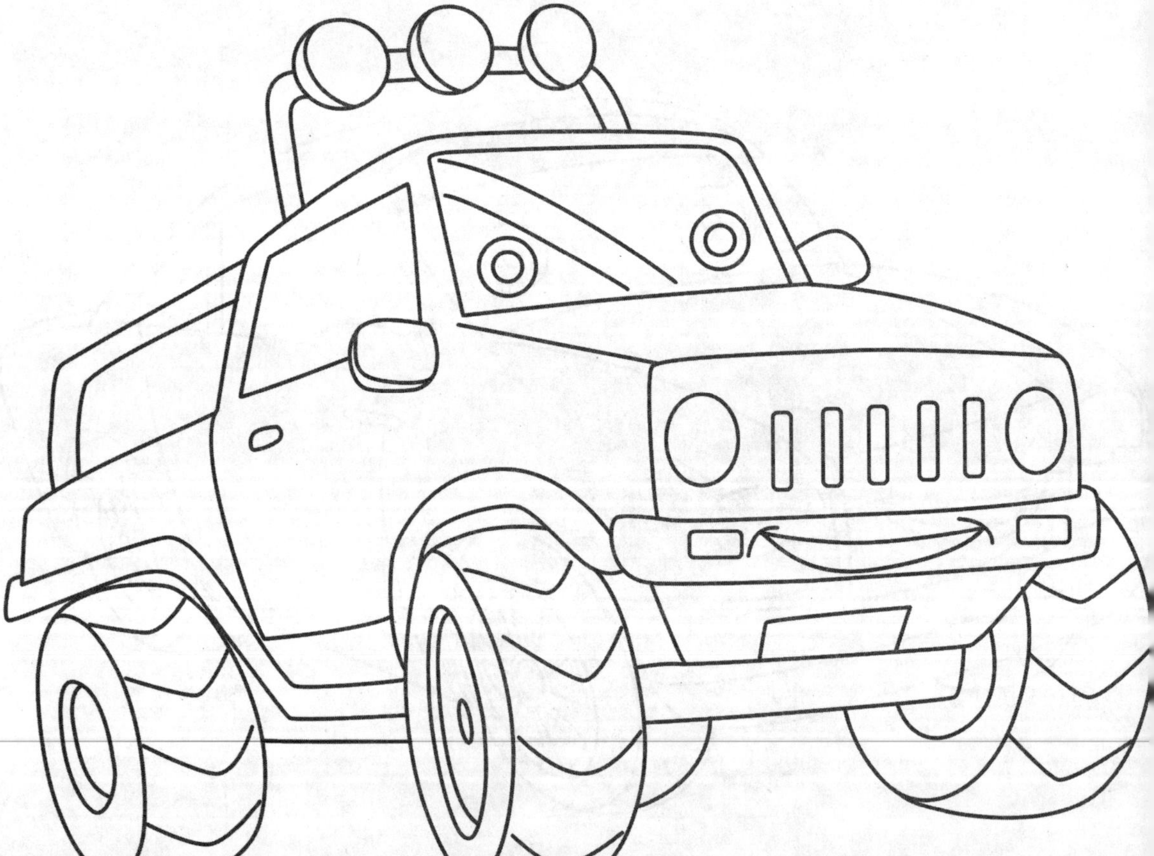

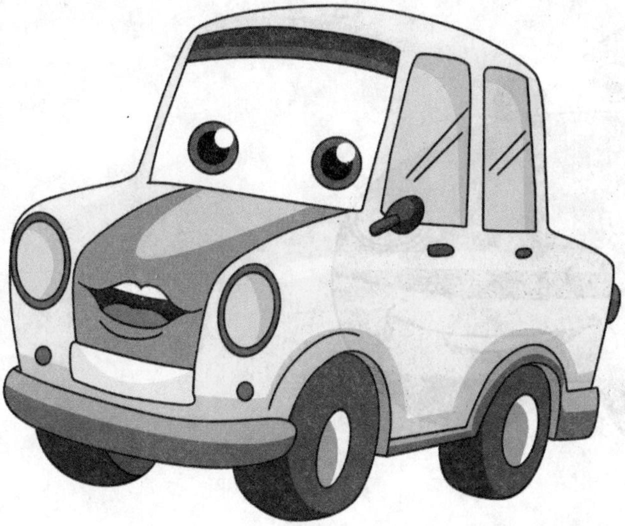

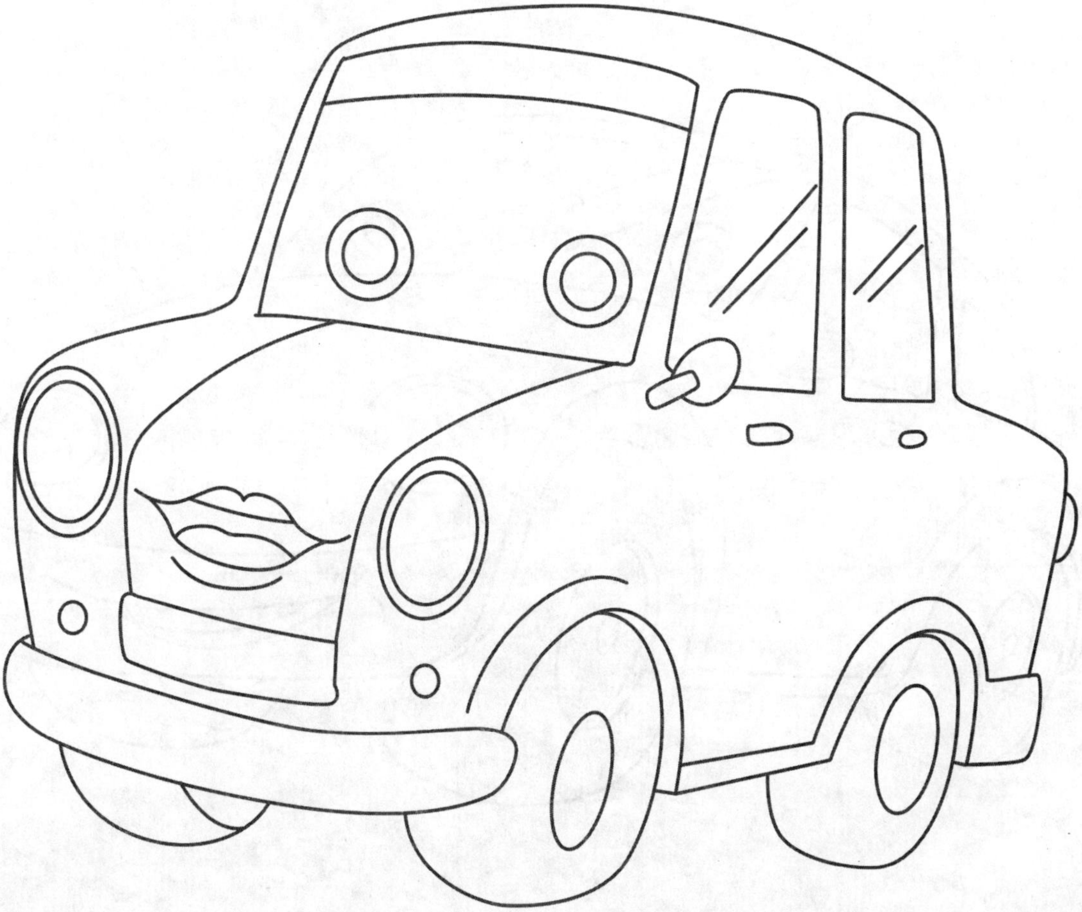

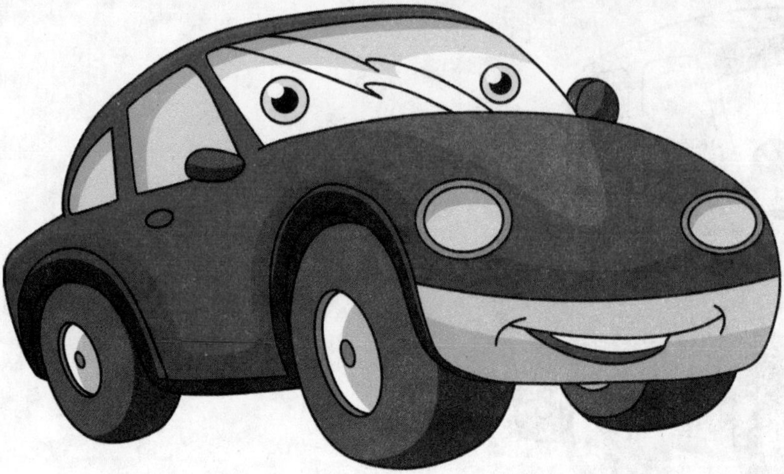

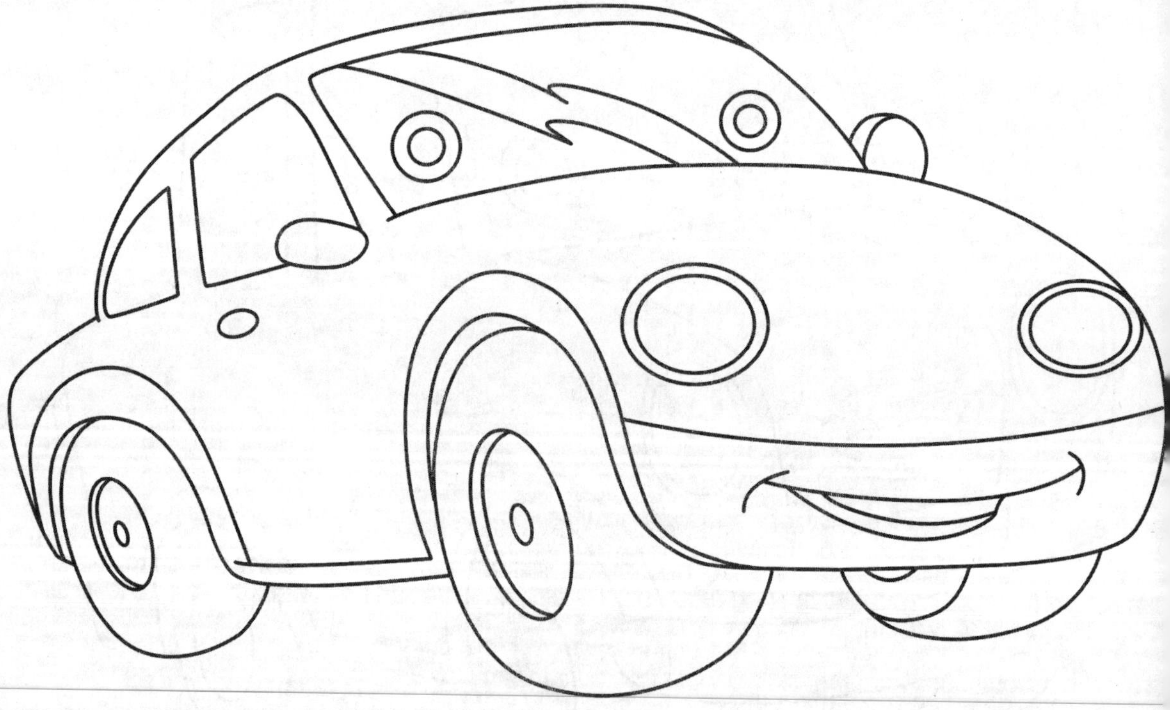

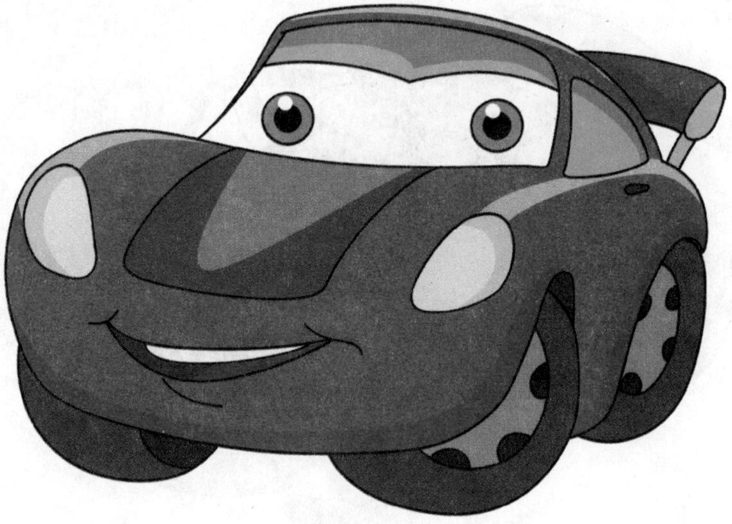

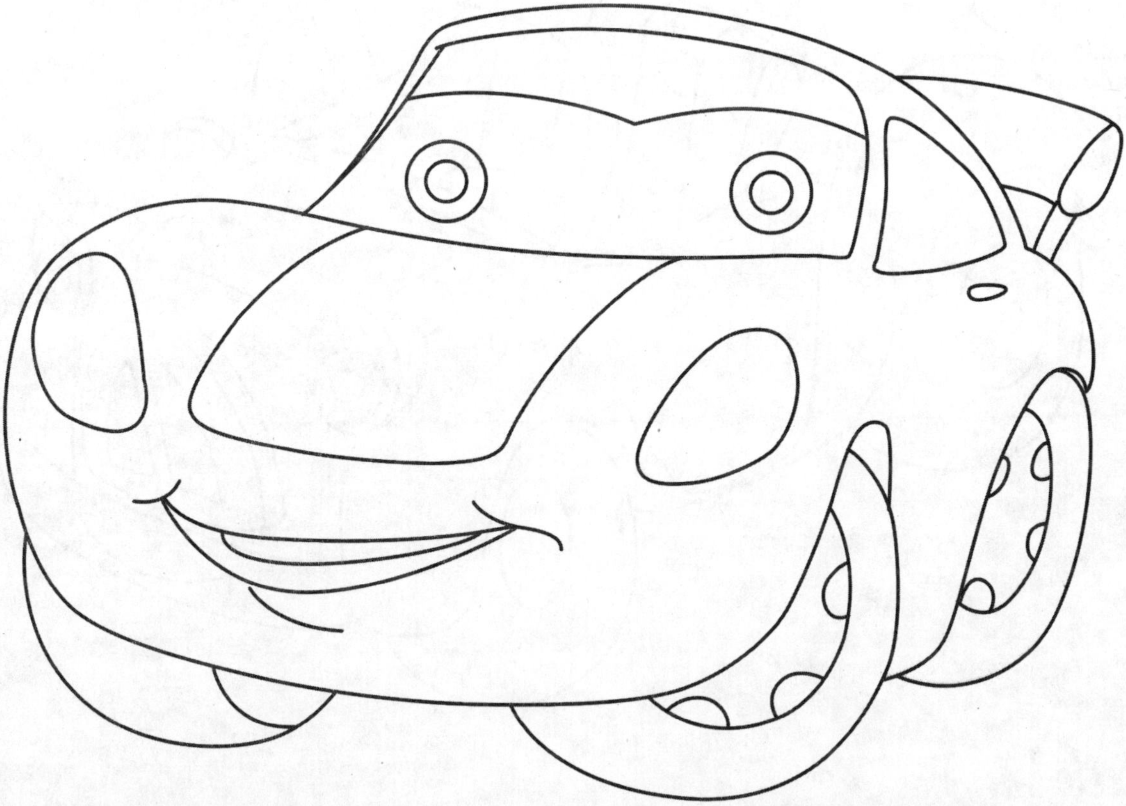

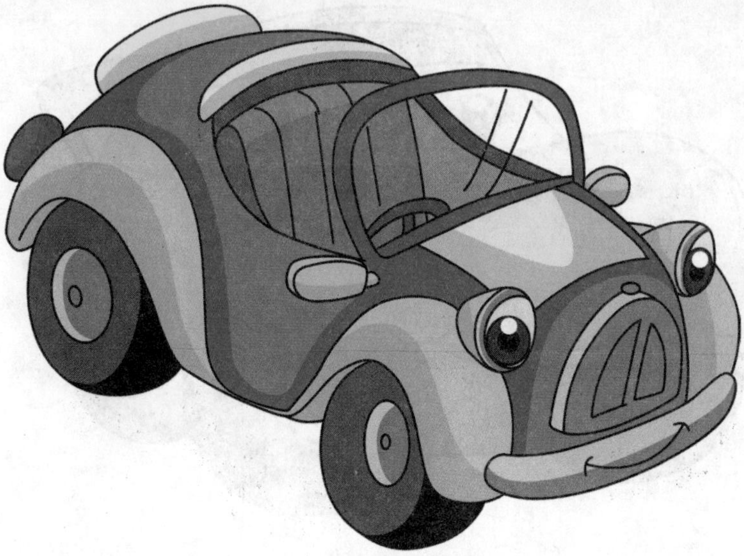

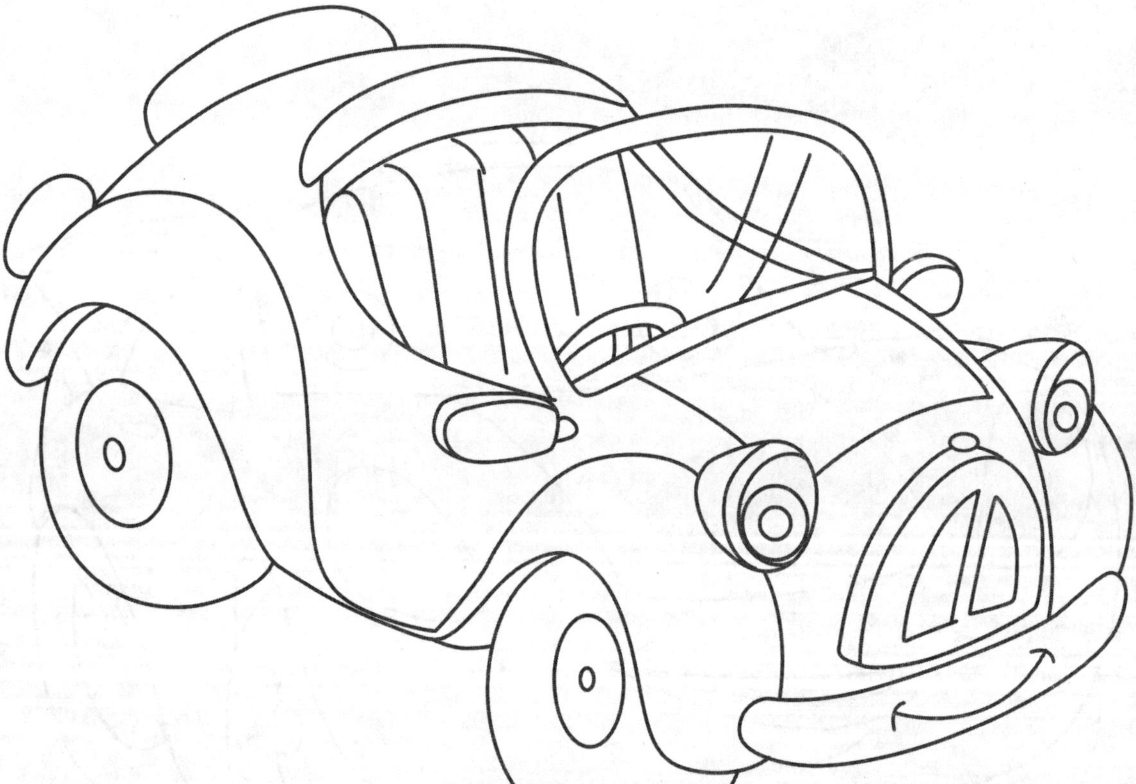

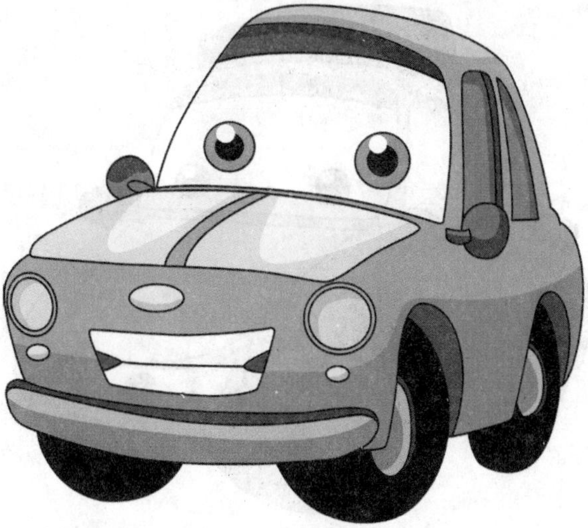

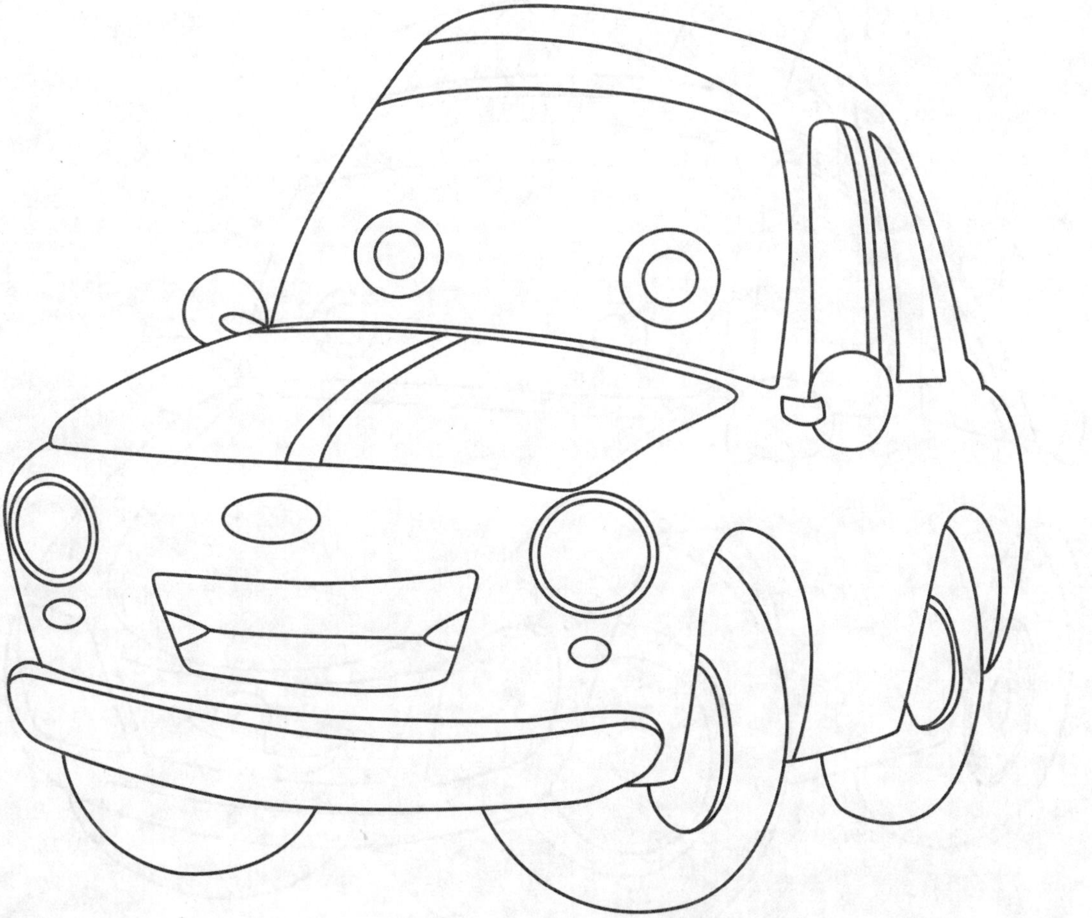

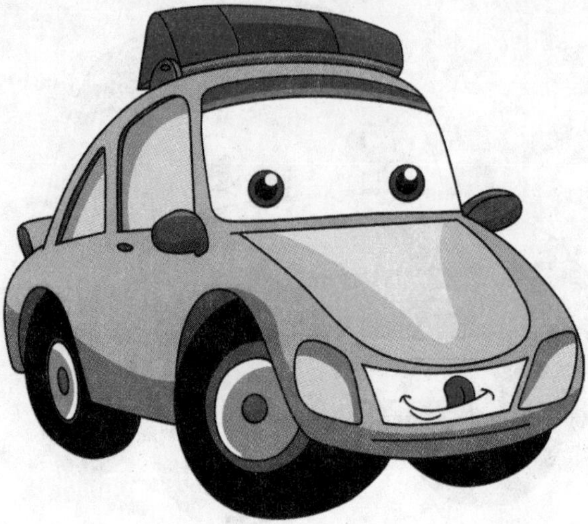

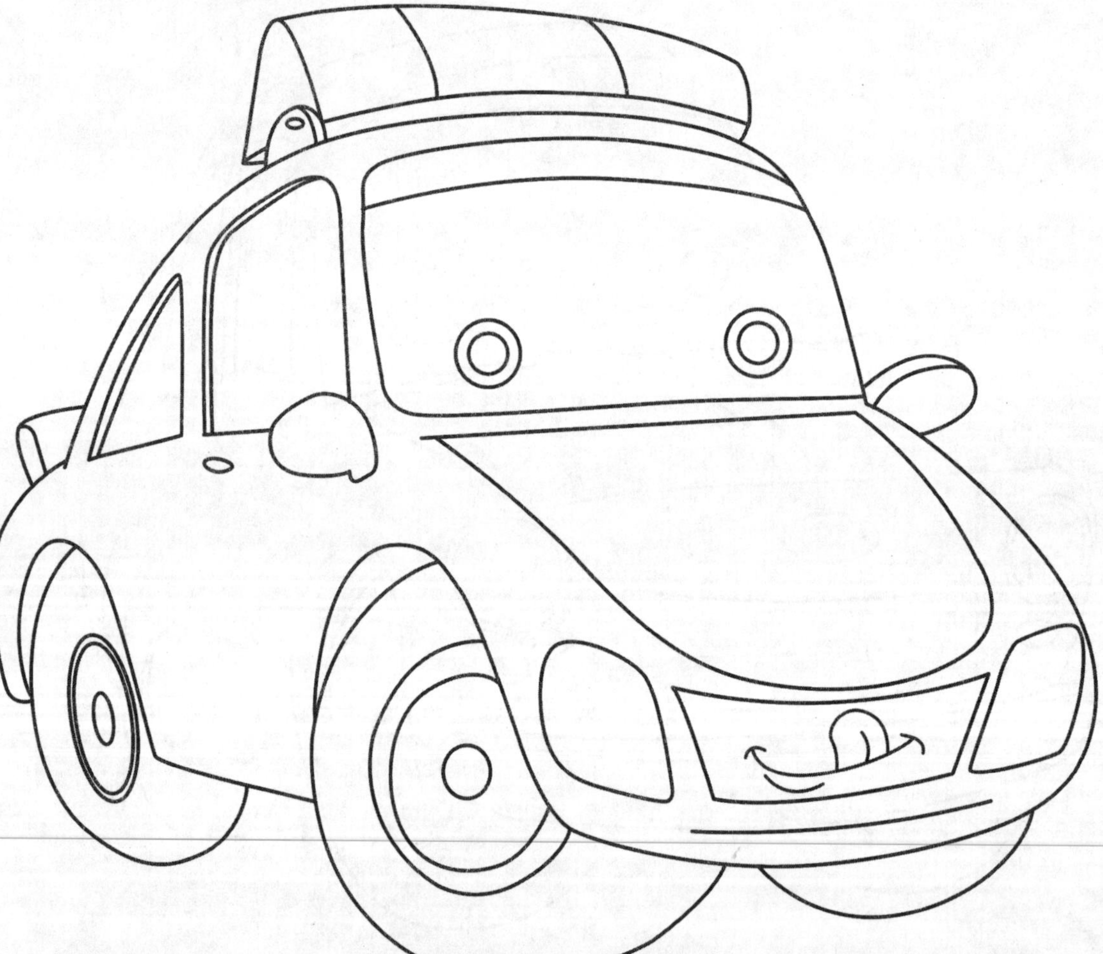

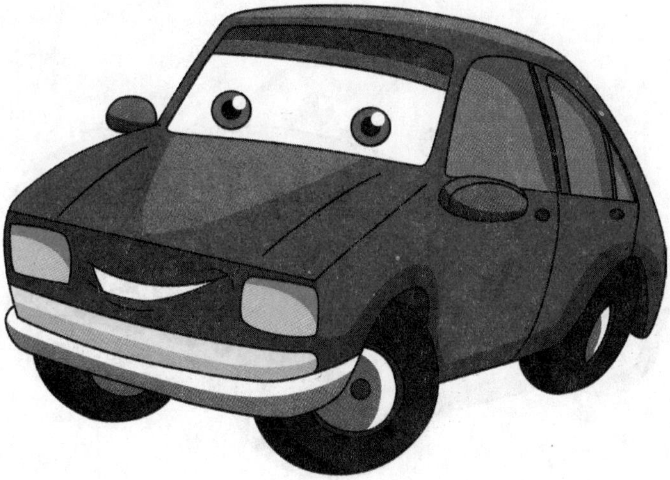

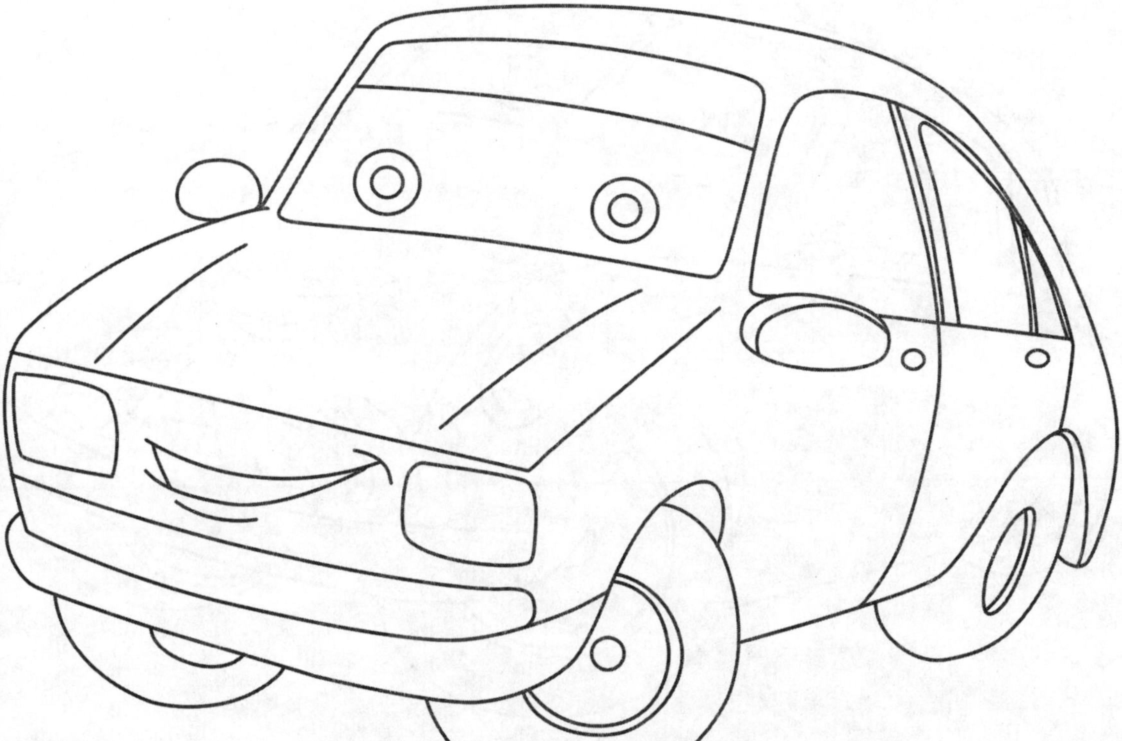

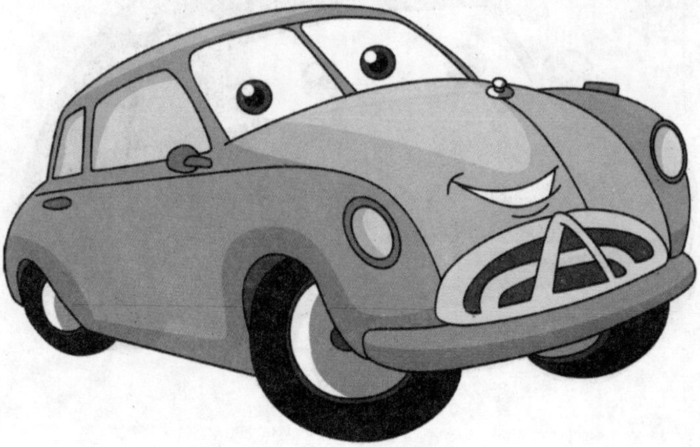

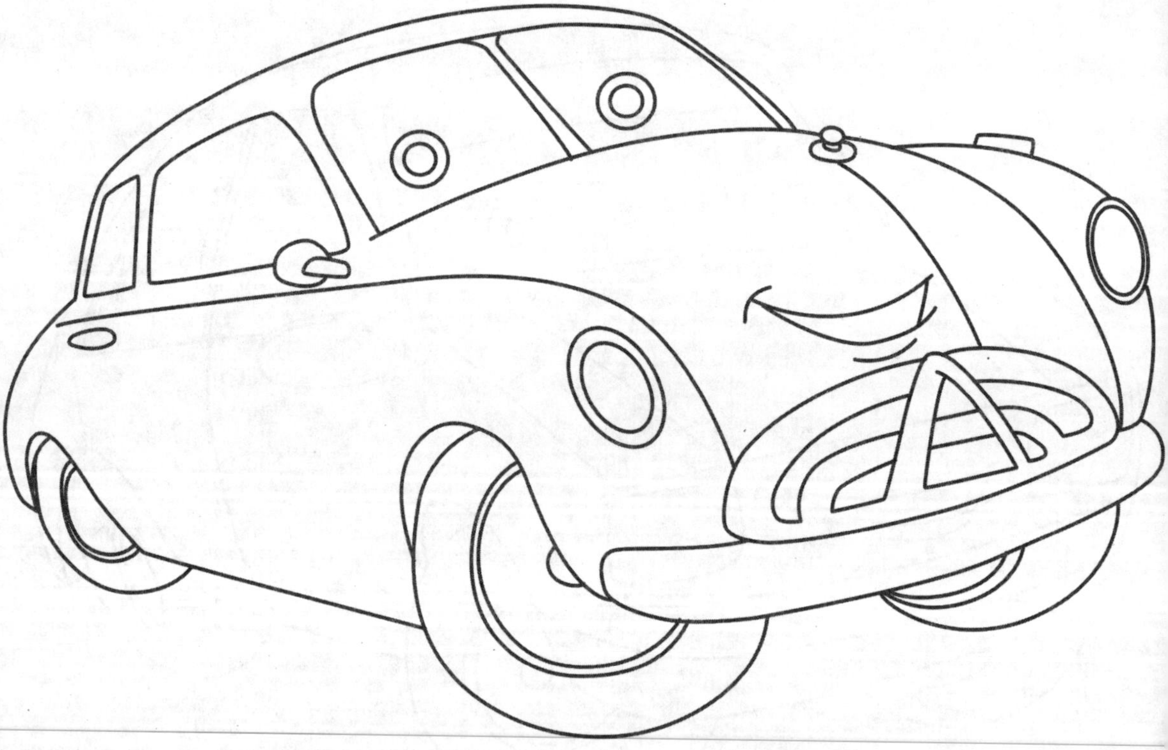

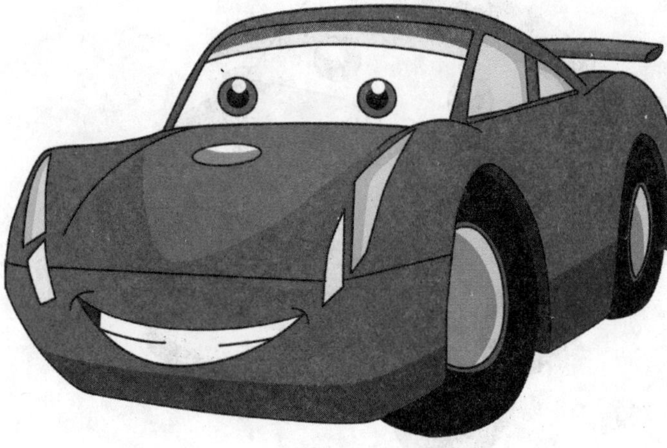

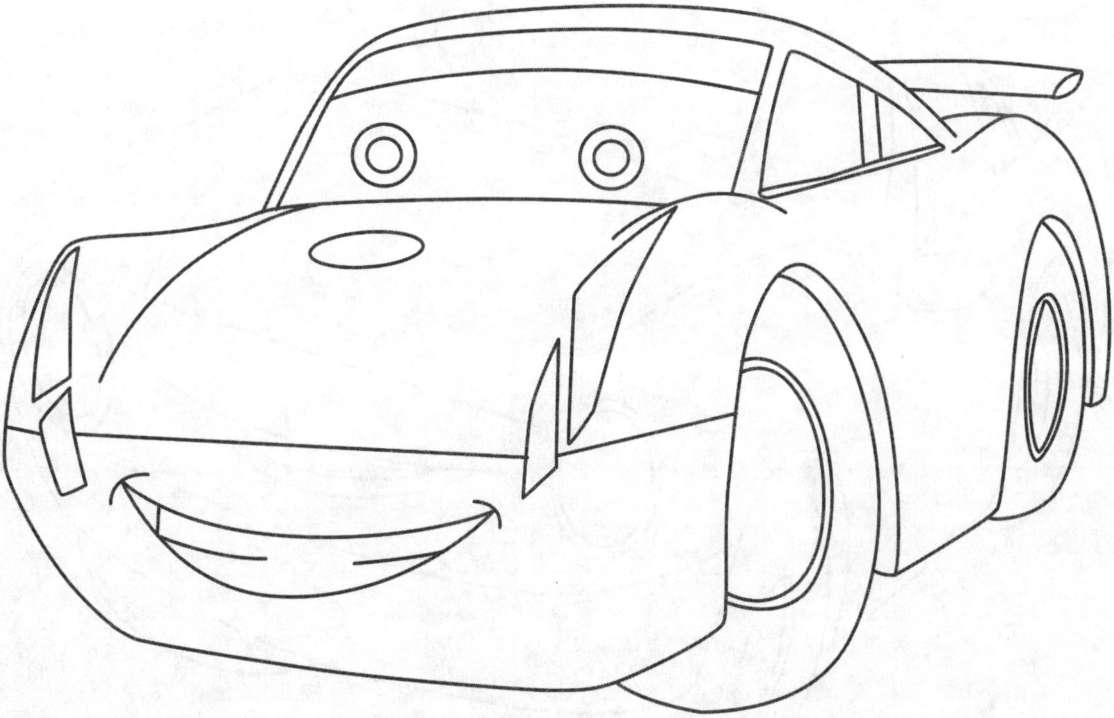

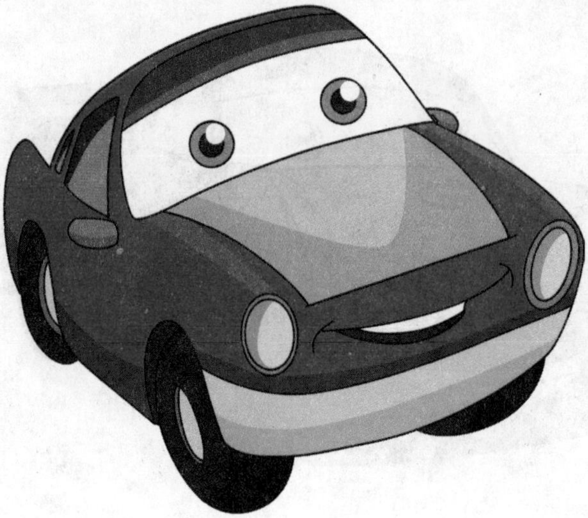
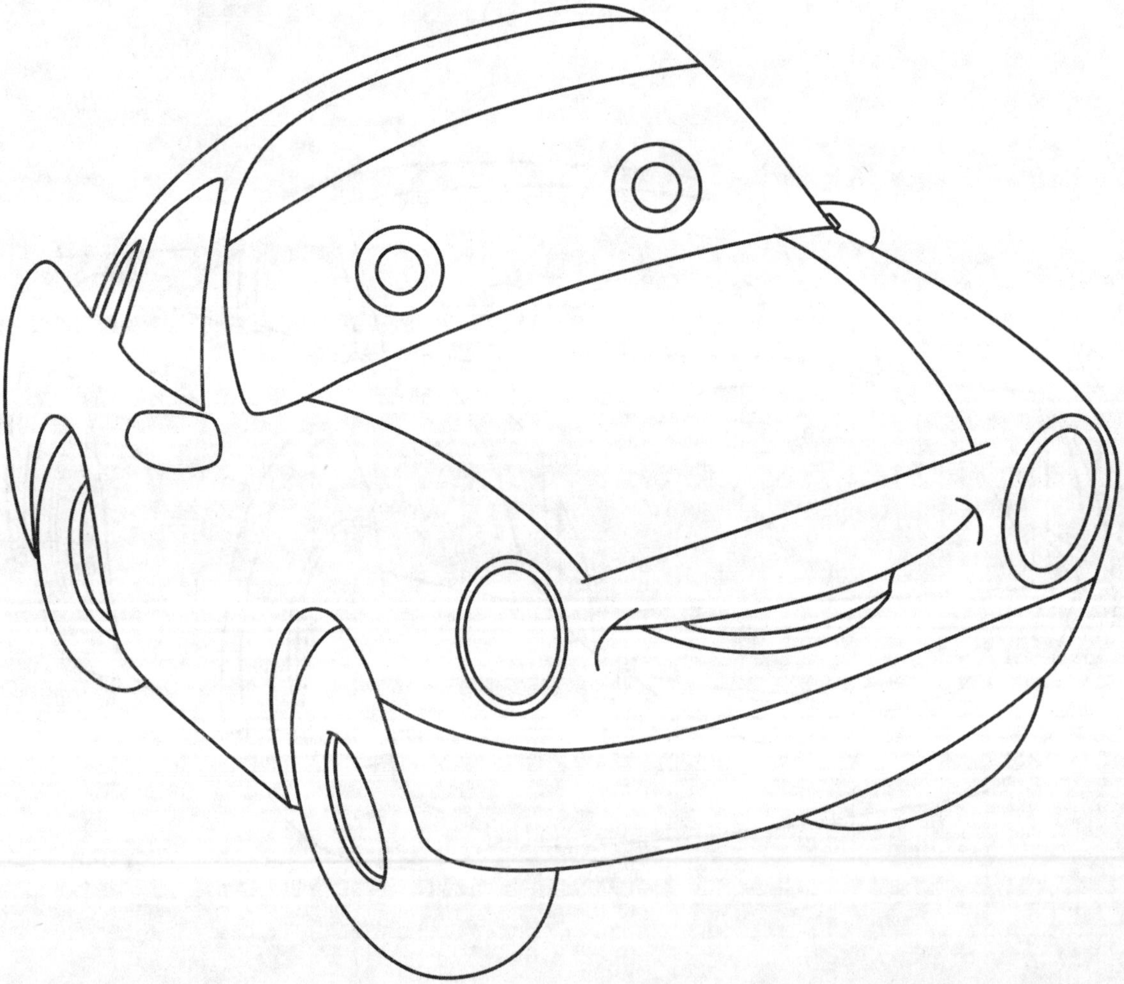

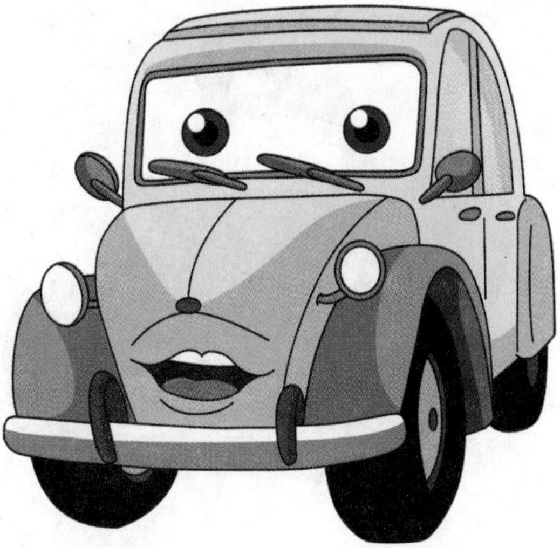
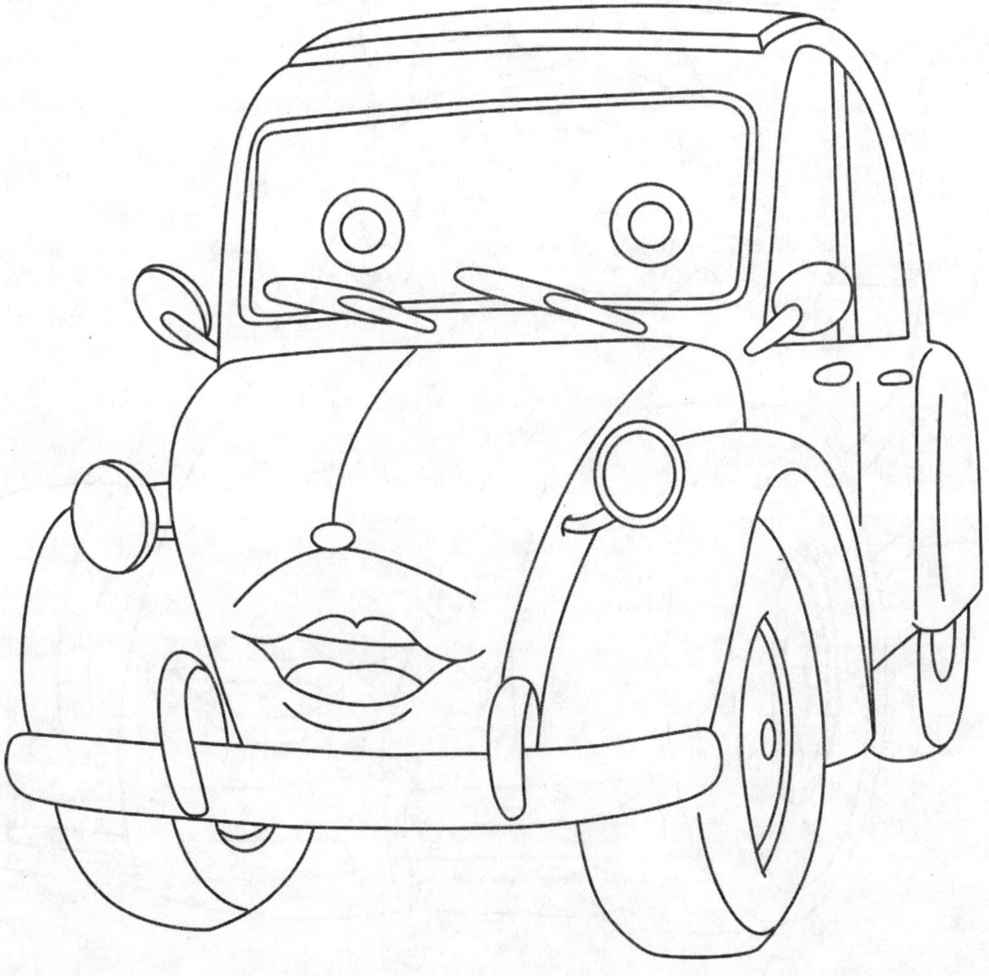

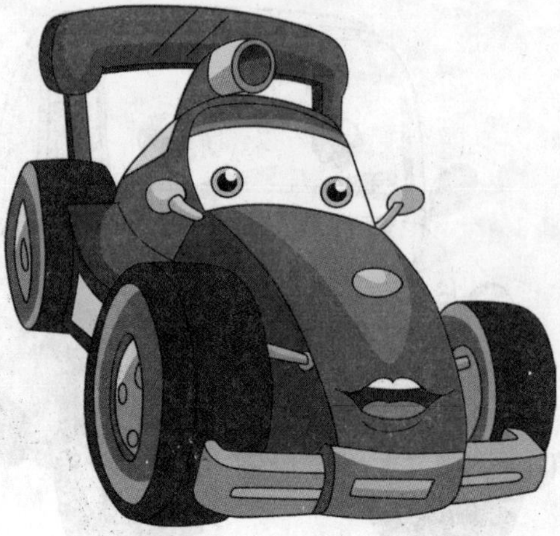
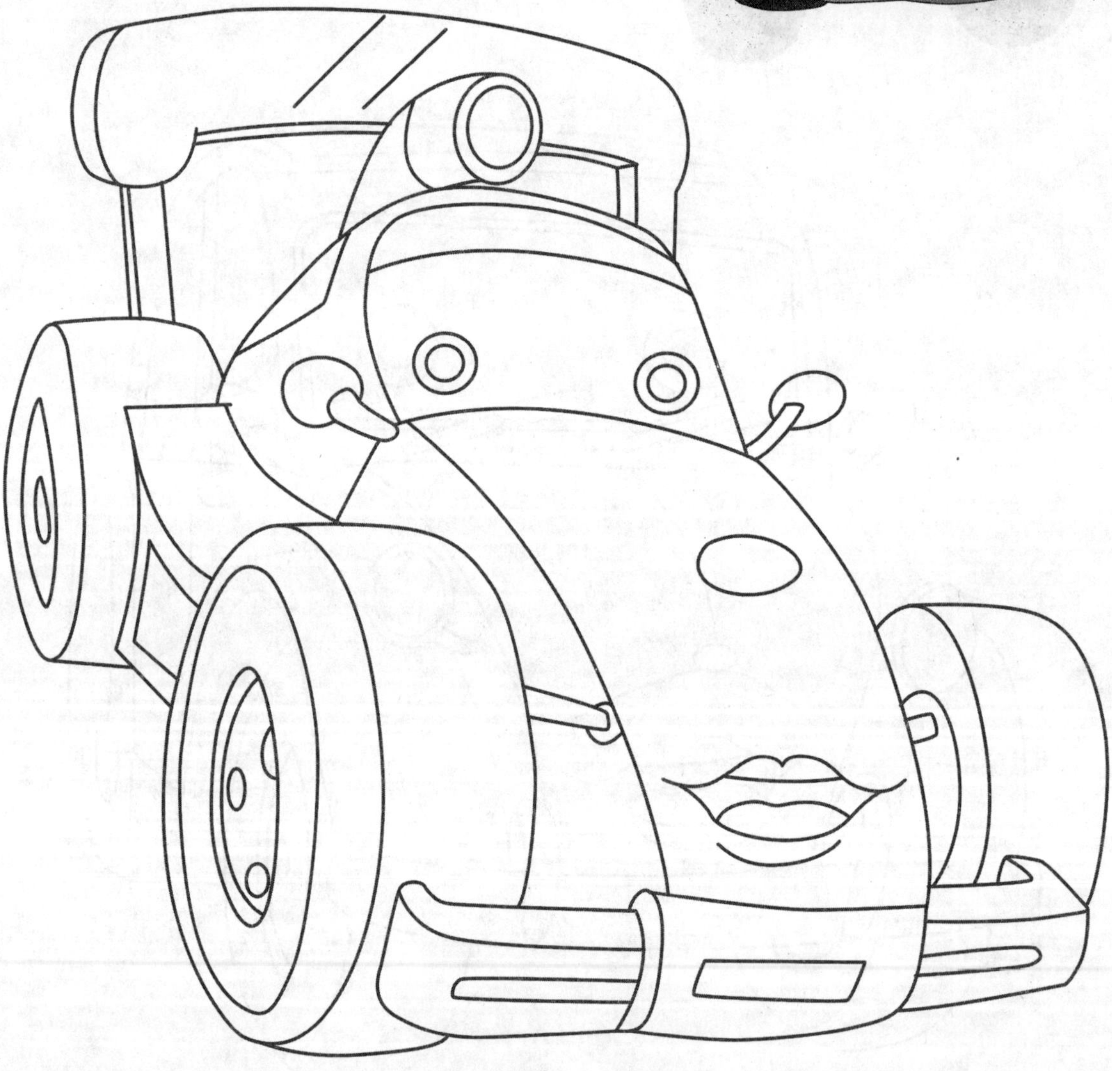